Corvina, Budapest

Introduction,	Introduction,	Einleitung,
choix de textes et	selection of texts	Schriften- und
d'œuvres du peintre	and paintings	Bildauswahl
par Lajos Németh	by Lajos Németh	von Lajos Németh

Csontváry

Traduit par Kató Vargyas Revu par Pierre Waline Photographies en noir et blanc de István Petrás Photographies en couleur de Alfréd Schiller sen. Maquette de István Faragó © Lajos Németh, 1974 Deuxième édition Printed in Hungary, 1976 Imprimerie Offset, Budapest	Translated by Judith Elliott Revised by Maurice Elliott Black-and-white photographs by István Petrás Colour photographs by Alfréd Schiller sen. Cover by István Faragó © Lajos Németh, 1974 Second edition Printed in Hungary, 1976 Offset Printing House, Budapest	Aus dem Ungarischen übertragen von Irene Kolbe Schwarzweißfotos von István Petrás Farbfotos von Alfréd Schiller sen. Einbandentwurf von István Faragó © Lajos Németh, 1974 Zweite Auflage Printed in Hungary, 1976 Druckerei Offset, Budapest

ISBN 963 13 0008 0   CO 1409-h-7680

Introduction

Il est le saint, le possédé de la peinture hongroise. Il se voulait plus qu'un peintre ; en philosophe, il voulait scruter les mystères de l'existence, rendre hommage à la majesté, suprême entre toutes, de la Nature, prononcer un jugement sur son époque décadente et, par un témoignage sublime, justifier, devant le tribunal de l'Histoire, son peuple, sa nation bien-aimée et lui assurer une place digne pour les millénaires à venir. C'est en peintre qu'il se proposait d'accomplir toute cette tâche surhumaine, prophétique, presque magique, avec des harmonies de couleurs encore jamais vues, avec d'immenses toiles rayonnantes de plénitude, avec des compositions nées de la découverte de l'organisme naturel où l'intellect humain veut mettre de l'ordre, avec des visions surgies à la limite du rêve et de la réalité. « Cette vie terrestre n'apparaît-elle pas comme une classe où, parmi les nombreux élèves, le maître en choisit un qui doit toujours répondre et apprendre pour les autres » — dit-il un jour avec un orgueil à peine dissimulé, car il voulait tout résoudre, donner réponse à toute question.

Quelque sublime que soit l'intention, seul le résultat peut la justifier, le désir de tout saisir peut tout aussi bien cacher un dilettantisme ignorant de ses possibilités. Mais Csontváry avait des arguments : ses nombreuses œuvres profondément originales, son œuvre de dimension unique.

Il est difficile de caractériser en quelques

Introduction

Csontváry was the possessed prophet of Hungarian art. He wanted not only to become a painter, but to study philosophy and discover the secrets of life, to pay homage to the splendour of omnipotent nature, to pass judgement on his decadent age, and to ensure a more dignified life for later generations by delivering his beloved people from misery. He determined to solve this superhuman, prophetic task through his art on vast canvases that would express the perfection of totality by uniting the natural world and man's progressive instinct in compositions inspired by visions of reality and fantasy, and creating a harmony of colours never seen before.

He once asked with scarcely concealed pride whether life on earth did not seem like a school, where the teacher picked out one of the many students to answer every question and study in place of the whole school. He, after all, really did want to solve everything and give answers to all questions.

His desire to grasp everything could have been nothing more than dilettantism, but his exalted intention could only be justified by his work. Csontváry reinforced his beliefs throughout his life with works of unique dimensions.

It would be a difficult task to analyse his life-work in a few sentences, because he cannot be identified with any of the popular trends or schools of art. His

Einleitung

Csontváry war der große besessene Heilige der ungarischen Kunst. Er wollte nicht nur Maler sein, er wollte als Philosoph die Geheimnisse des Seins ergründen, der Hoheit der über allem herrschenden Natur huldigen und das Urteil über die degenerierte Zeit sprechen, in der er lebte, er wollte sein geliebtes Volk und Vaterland vor dem Richterstuhl der Geschichte retten und ihnen für neue Jahrtausende einen würdigen Platz sichern. Und all diese Aufgaben, die weit über das Vermögen eines einzigen Menschen hinausgehen, die prophetischen, ja fast magischen Charakter tragen, wollte er als Maler bewältigen: durch seine Kompositionen, in denen sich noch nie gesehene Farbharmonien, riesige Formate, die den Eindruck der Vollkommenheit erwecken, die Erkenntnis der Natur als Organismus und das Bemühen des menschlichen Intellekts um Ordnung der Dinge vereinen, durch Visionen an der Grenze von Traum und Wirklichkeit. Csontváry versuchte alle Probleme zu lösen und auf jede Frage eine Antwort zu finden. So ist es kein Wunder, daß er mit kaum verhülltem Stolz fragte: „Ist dieses irdische Leben nicht wie eine Schule, in der der Lehrer unter den vielen Schülern einen einzigen auswählt, der fortwährend antworten und für die ganze Schule lernen muß?"

So erhaben dieses Ziel auch sein mag — ob es ein Künstler erreicht hat, können nur seine Werke beweisen, denn hinter

phrases cet œuvre qui se refuse à être classé dans les styles habituels, dans telle ou telle école. La peinture de Csontváry revêt de nombreux aspects. Il a beau se borner à reproduire la nature — même lorsqu'il peint ses visions — à s'en tenir à la réalité, au caractère concret des choses, ou, selon son expression, « à la propriété spécifique » des choses, toujours est-il que, dans son art, on ne saurait réduire à une ou à plusieurs formules fondamentales la transposition des motifs sur le plan pictural. Dans ses œuvres précoces, il décrit directement la nature. Animé souvent d'une humilité panthéistique, il s'efface pour ne faire qu'un avec l'organisme du paysage représenté, mais souvent, il y projette son exaltation grandissante ou transcrit le motif, avec un arbitraire souverain, en l'adaptant à sa vision intérieure. Avec ses cèdres, il a su créer des symboles pareils à l'univers hiératique des légendes et mythes ; par contre, quelques-uns de ses tableaux d'une naïveté enfantine exhalent le charme de l'art populaire.

Feu dévorant et calme sublime, achèvement suggérant la plénitude, harmonie et tourment tragique, tout coexiste dans son œuvre. Aussi les formes y sont-elles d'une multiplicité inouïe : souvent, sur la même toile, on voit des observations réalistes, des impressions dues à l'éclairage changeant, une orgie de couleurs dans le genre décoratif du post-impressionnisme, une synthèse grandiose des formes et la division des couleurs et, pourtant, il n'est jamais éclectique ou incohérent. L'épanouissement de son art est un processus organique et il a le talent de donner de l'authenticité à toutes les solutions. Son originalité humaine et artistique perce dans toutes ses œuvres, justifie toutes les formules stylistiques. Au début, il imitait les formes trouvées dans la nature, dans

pictorial representation of reality is many-sided. Although he always remained within the borders of naturalistic painting—even when interpretating his wildest visions he insisted on adhering closely to reality and the actual form of things, or as he put it the "qualities of the species"—his artistic style cannot be narrowed down to any basic formulas. His early works are characterized by a direct depiction of nature. He often withdrew into his landscape paintings with pantheistic humility, and at other times, projected his innermost visions on to the canvas with increased intensity. In his paintings of the cedars, he captured the mysterious, symbolic world of fairy-tale and myth; while some of his almost childlike naive pictures are permeated with the charm of folk art.

Deep intensity, majestic tranquillity, a sense of finality, harmony and tragic struggle have all found expression in his work.

His modes of expression are therefore extremely diverse. Realistic perception, the capturing of changing light, the post-impressionist abundance of colours and sweeping shapes often appear on the same canvas. Yet the effect is never eclectic or inconsistent, but an organic process in the development of his art. Csontváry found artistic solutions which proved acceptable and justifiable. Human and artistic originality penetrate his work, investing every image.

At the beginning of his artistic career, Csontváry imitated nature. Later on, however, in his expressive-realistic period, his material was transformed by a subjective mood, while in his greatest works —his monumental visions of the Tatras, Taormina and Baalbek, and in his paintings of the Cedars, "Mary's Well at

dem Verlangen nach der Lösung aller Probleme kann sich auch Dilettantismus verbergen. Doch Csontváry erreichte sein Ziel: das beweisen seine zahlreichen, originellen Gemälde und sein ganzes, einzigartige Dimensionen umspannendes Oeuvre.

Es ist schwierig, dieses Lebenswerk in einigen Sätzen zu charakterisieren, denn man kann es in keine der üblichen Stilrichtungen, in keine der bekannten Schulen einordnen. Bei der malerischen Erfassung der Wirklichkeit ging Csontváry auf sehr vielschichtige Art und Weise vor. Er blieb zwar stets innerhalb der Grenzen der Naturmalerei, und auch dann, wenn er seine Visionen gestaltete, hielt er sich an die Wirklichkeit, an das konkrete Sein der Dinge oder — wie er sagte — an ihre „Arteigenschaft", aber die malerische Umformung der Motive läßt sich bei ihm nicht auf eine einzige oder auf einige wenige Grundformeln zurückführen. Charakteristisch für seine ersten Arbeiten war eine strenge Naturtreue. Oft trat er voller pantheistischer Demut in den Hintergrund und wurde eins mit dem Organismus der dargestellten Landschaft, oft projizierte er aber auch seine sich ständig steigernde innere Erregung in die Natur, oder er handhabte die Motive mit souveräner Willkür, bis sie seinen inneren Vorstellungen entsprachen. In seinen Zederndarstellungen schuf er Sinnbilder, die der geheimnisvollen Symbolwelt der Märchen und Mythen gleichen, während andere, kindlich-naive Bilder durch die einfache Anmut der Volkskunst bestechen.

In Csontvárys Werk begegnen uns glühende Leidenschaft, erhabene Ruhe, eine Abgeschlossenheit, die die Empfindung der Vollkommenheit suggeriert, Harmonie und tragisches Ringen. Dem Gehalt entsprechend zeigt auch seine

sa période à la fois naïve, expressive et réaliste, il réinterprète le spectacle, tandis que, dans ses œuvres principales, dans les immenses visions que sont *Tátra, Taormina, Baalbek*, puis dans ses cèdres, dans *le Puits de la Vierge à Nazareth, Cavalcade au bord de la mer*, il ne rend plus l'image vue, mais suit le travail créateur de la nature même. Il n'imite pas, il crée lui-même; il ne fixe pas sur sa toile la réflexion du motif naturel, mais il crée une substance tout aussi autonome que l'est le motif de la nature; en d'autres termes, pour reprendre son expression, il travaille à l'instar du « démiurge », de la «force primitive«, du « principe interne de création » qui est à l'origine de la nature. Le motif naturel n'est pas un but en soi, ce n'est qu'un moyen. Ce moyen, qui, conjugué à la force créatrice de l'art, aide à comprendre les forces créatrices de la nature, sert à l'artiste à créer un univers dont la raison d'être n'est plus d'imiter quelque chose ou d'avoir un rapport à quelque chose; à force d'exister, il devient un microcosme ayant ses propres lois et dont le but n'est autre que de faire épanouir sa spécificité inhérente. Si cette activité créatrice souveraine a pu se déployer chez Csontváry dans les cadres d'une peinture dont le principe reste la nature, c'est, en grande partie, grâce à son adoration quasi religieuse de la nature et parce qu'il a travaillé à une phase de l'évolution européenne de la peinture où le lien entre l'art et la nature n'était pas encore entièrement aboli, où le problème de l'art non figuratif n'était pas encore posé.

Il était un grand solitaire comme son cèdre, compagnon du soleil et du vent, cet autoportrait brûlant, hallucinant. Ses contemporains ne connaissaient que ses actes étranges, que ses folies dont ils se moquaient; peu nombreux étaient ceux

Nazareth" and the "Ride on the Seashore" —he no longer portrayed the natural image, but followed the creative activity of nature itself. He was no longer depicting or imitating, but actually composing and creating himself. He was no longer producing the reflected image of nature on his canvas, but creating a substance as independent as nature itself. Csontváry created a new world in the same way as he believed that the "demiurge", "primeval force", and "inner creative principle"—expressions he often used—had created the natural world. Under the creative power of the artist, the natural motif ceased to be an end in itself and became a means of producing a world, whose reasons for existence were not only that it was imitating or pointing to relationships, but that it existed as a microcosm with laws of its own, serving no other purpose than the display of its inner determinants.

The expression of this supreme creative ability within the limits of natural painting was made possible by Csontváry's deep religious worship of nature. Moreover he was working in a period of European art when the links between art and nature were as yet unbroken and the problems of non-figurative art were still to come.

He was a great solitary figure, like the cedar, in communion with sun and wind, an intense nightmarish self-portrait. He was known for his strange actions and eccentricities and was ridiculed by his contemporaries. Very few of them knew that this chemist, this self-styled genius who compared himself to Raphael, was indeed a great painter. Succeeding generations gradually awoke to the realization of this indisputable fact. With the passage of time, the peculiarities arising from his

Formenwelt eine unerhörte Vielfalt. Mitunter finden wir realistische Details, durch wechselnde Beleuchtungseffekte hervorgerufene Impressionen, die dekorative Farbenpracht des Spätimpressionismus, großzügige Zusammenfassung der Formen und Auflösung in einzelne Farbtupfen gemeinsam auf dem gleichen Bild, ohne daß es dadurch eklektisch oder uneinheitlich wirkte, alle diese Elemente fügen sich stets in die organische Entfaltung von Csontvárys Kunst ein. Es gelingt Csontváry, jede Lösung glaubhaft und berechtigt erscheinen zu lassen. Seine menschliche und künstlerische Originalität ist in jedem einzelnen Bild spürbar, sie rechtfertigt jede künstlerische Formel. Anfangs ahmte er die Erscheinungsformen der Natur nach, während seiner naivexpressiv-realistischen Periode formte er den Vorwurf seiner Individualität entsprechend um — wie zum Beispiel in den mächtigen Visionen „Groß-Tarpatak in der Tatra", „Die Ruinen des griechischen Theaters in Taormina" und „Baalbek" —, in den Zederndarstellungen, im „Marienbrunnen in Nazareth" und „Spazierritt am Meer" dagegen vermittelte er nicht länger ein Abbild der Natur, sondern folgte ihrem schöpferischen Werk. Er malte nicht ab, sondern schuf selbst, er ahmte nicht nach, sondern ließ etwas Neues entstehen, er hielt nicht das Spiegelbild der Natur fest, sondern malte eine Substanz, die ebensoviel Selbständigkeit besitzt wie diese Naturmotive, das heißt also — um Csontvárys eigene Formulierungen zu gebrauchen —: Er arbeitete ähnlich wie der „Demiurgos", die „Urkraft", das „innere schöpferische Prinzip". Das Naturmotiv bedeutete ihm nicht Ziel, sondern ein Mittel, um — die Schöpferkraft der Natur begreifend — dank der schöpferischen Kraft der Kunst eine Welt zu schaffen, die

qui savaient que ce peintre, ancien pharmacien qui se disait l'égal de Raphaël et se considérait comme un génie, était, en effet, un génie. La postérité elle-même a été lente à réaliser cette vérité indiscutable. Les extravagances de cet homme tourmenté sont peu à peu tombées dans l'oubli pour devenir de simples curiosités biographiques ou des problèmes relevant de la psychologie de la création. Les œuvres que ce génie nous a laissées brillent désormais dans toute leur pureté, elles sont autant de trésors de l'art moderne européen et hongrois.

disturbed mental state have fallen into oblivion, of interest to the biographer or the psychologist probing the secrets of his creative mind. Csontváry's paintings are now recognized for their own value and have taken their place among the great treasures of modern Hungarian and European art.

ihre Daseinsberechtigung nicht mehr der Tatsache verdankt, daß sie etwas nachahmt oder zu etwas in Beziehung tritt, die vielmehr durch ihre bloße Existenz zu einem eigenen Gesetzen folgenden Mikrokosmos wurde. Daß sich diese souveräne schöpferische Tätigkeit innerhalb der durch die naturgetreue Malerei gesteckten Grenzen abwickelte, hing mit Csontvárys fast religiöser Naturanbetung und mit der Tatsache zusammen, daß er während des Entwicklungsabschnittes der europäischen Malerei arbeitete, in dem die Verbindung zwischen Malerei und Natur noch nicht unterbrochen, das Problem der nonfigurativen Darstellung noch nicht aufgetaucht war.

Er war groß und einsam — so wie er sich in dem gespenstischen Selbstporträt „Die einsame Zeder" gesehen hat: ein Baum, dessen einzige Gefährten Wind und Sonne sind. Die meisten seiner Zeitgenossen kannten lediglich seine seltsamen Handlungen und seine Narrheiten, sie verspotteten ihn. Nur wenige Menschen wußten zu Csontvárys Lebzeiten, daß der ehemalige Apotheker und Maler, der sich selbst mit Raffael verglich und sich als Genie bezeichnete, tatsächlich ein Genie war. Und auch die Nachwelt entdeckte diese unbestreitbare Tatsache nur langsam. Die Eigenheiten Csontvárys, die sich aus seinem zerrütteten Seelenzustand ergaben, traten im Laufe der Zeit immer mehr in den Hintergrund. Sie gerieten in Vergessenheit, wenn man sie nicht lediglich als biographische Besonderheiten oder als psychologische Probleme betrachtete. So befreiten sich die Werke des einsamen Genies immer mehr von allem Störenden, und heute gilt Csontvárys Oeuvre als ein wichtiger Bestandteil der modernen ungarischen und europäischen Kunst.

Extraits des écrits de Csontváry

Quotations from Csontváry's Papers

Auszüge aus Csontvárys Schriften

« ...advienne que pourra, je n'aurai pas peur de l'immense tâche qui m'incombe. Ma santé est parfaite, ma volonté est d'acier, pour ce qui est du travail, je défie la fourmi, et quant à la persévérance, je me connais bien et n'aurai pas à être déçu. Je suis convaincu que l'original et le poétique ne me quitteront pas, car mon âme n'aspire qu'à l'original et elle est prête à s'exalter devant les moindres choses de la nature ! » (Lettre à Gusztáv Keleti, le 3 février 1881.)

« La vérité est que les cèdres mûrs ont besoin de repos au cinquième ou au sixième millénaire de leur âge, tandis que, plus jeunes, ils sont appelés à se développer. Ils vivent dans une forêt et ne se gênent pas ; ils vivent en paix au milieu des intempéries, confiés à la providence divine. Nous autres, en Europe, pourrions-nous vivre ainsi, en paix ? Pourrions-nous, partout en Europe, diriger les soucis matériels, en excluant la valeur, vers le domaine spirituel ? Bientôt, à l'émerveillement du monde, les monts de granit d'Amérique se transformeront en statues. »

« Sur ordre de la Providence divine, l'évolution partit de la Hongrie pour continuer en Dalmatie, en Bosnie-Herzégovine, Suisse, Sicile, Égypte, Palestine et Syrie, pour aboutir aux cèdres âgés de six mille ans. Les motifs picturaux ont été fournis par ces pays énumérés dont trois ont une importance historique. Grâce à ces choses d'importance historique, la nation hongroise a acquis une légitimation qui prouve que nous avons travaillé, non pas comme des cigales, mais avec la persévérance de la fourmi. Grâce à ce mérite-là, nous nous sommes rangés aujourd'hui parmi les grandes nations et pouvons intégrer la Hongrie dans l'Histoire du monde. »

« L'esprit sans ascendant, tout comme le génie divin, cherche et trouve dans la force créatrice le principe d'immortalité de sa vie.

"...come what may, I am not afraid of the enormous task to be undertaken; my health is good, my will indomitable, and as to persistency, I am prepared to outdo the ant; I know myself well and shall never be disappointed: I believe that originality and poetry will be my friends, because my soul and my heart desire only what is real and I am filled with enthusiasm for the smallest particle of nature." (Part of a letter written to Gusztáv Keleti on 3rd February, 1881.)

"The truth is that in the fifth or sixth millennium the mature cedars are sent to rest, while the younger ones are encouraged to grow. They live in one wood and do not encroach upon one another, but exist in peace in the midst of the vicissitudes of time, through the providence of God and nature. Would not we be able to live in such peaceful condition in Europe? If we excluded all values and all material problems Europe could devote herself to the development of the intellect. The granite mountains of America will change into statues before long the wonder of the world."

"By the order of divine providence development began in Hungary, then Dalmatia, Bosznia-Hercegovina, Switzerland, Sicily, Egypt, Palestine and Syria, finally coming to a halt beneath the six-thousand-year-old cedars. Artistic motifs sprang from the countries mentioned above, three of which have historical significance. These important historical facts legitimized the Hungarian nation and prove that we worked with the sedulity of ants rather than crickets. Today this distinction has given us a place among the great nations and we can write Hungary into world history."

"The uninfluenced mind, just like the divine genius, searches and finds the immortality of its life in creative power. The divine genius brings forth the material with creative force, while the human genius breathes

„...mag kommen, was da will — vor der großen Aufgabe, die auf meinen Schultern ruht, werde ich nicht zurückschrecken. Meine Gesundheit ist intakt, mein Wille ist hart wie Stahl, mein Fleiß kann mit dem der Ameise wetteifern, und auch meine Ausdauer — ich kenne mich gut — wird Sie nicht enttäuschen. Ich bin fest davon überzeugt, daß das Ursprüngliche und die Poesie meine Freunde sein werden, denn meine Seele, das heißt mein Busen, sehnt sich nur nach dem Ursprünglichen, und in der Natur kann ich mich auch für die winzigste Kleinigkeit begeistern!" (Aus einem Brief vom 3. Februar 1881 an Gusztáv Keleti.)

„Es ist die Wahrheit, daß die vollständig entwickelten Zedern im fünften bis sechsten Jahrtausend auf eine Ruhezeit angewiesen sind und die jüngeren zum Wachstum anregen. Sie leben in einem Wald zusammen und sind einander nicht im Wege, sondern leben in Frieden in allen Unbilden der Witterung unter einer göttlichen Fürsorge. Warum können wir in Europa nicht in einem solchen Zustand friedlich miteinander leben? Überall in Europa werden die materiellen Probleme unter Ausschluß der wahren Werte auf den geistigen Bereich abgewälzt. In Kürze werden sich die Granitberge Amerikas zur Verwunderung der Welt in Statuen verwandeln."

„Dank eines Befehls der göttlichen Vorsehung ging die Entwicklung von Ungarn aus, dann setzte sie sich in Dalmatien, Bosnien und Herzegowina, in der Schweiz, in Sizilien, Palästina und Syrien fort und stabilisierte sich in den sechstausend Jahre alten Zedern. Die malerischen Motive kamen aus den oben erwähnten Ländern, von denen drei historische Bedeutung haben. Durch diese historischen Dinge kam die ungarische Nation zu ihrer Legitimation, mit der man bestätigen kann, daß wir nicht leichtsinnig wie die Grillen waren,

Le génie divin produit la matière avec sa force créatrice, et le génie humain y insuffle la réalité. Il faut estimer une œuvre, comme il faut contempler chaque fleur, chaque minéral, chaque animal, dans leurs propriétés, spécifiques à l'espèce. »

« N'oublions jamais que, dans le système de l'univers, seuls l'aigle et l'artiste élu sont revêtus de la capacité de pouvoir regarder le soleil en face. Aussi les menues étoiles et le hibou haïssent-ils le soleil. »

« Rubens était lui aussi un génie ; il avait dit à Van Dyck : mon enfant, tu sais mieux que moi si tu es capable de peindre le fond. Ma réponse sera la suivante : mes enfants, vous savez beaucoup, et pourtant, vous ne savez rien, car vous ne savez peindre la perspective de l'air et des couleurs. »

« Je n'ai pas de milliards pour bâtir des palais. Si j'exportais mes toiles en Amérique, où je ne veux pas les vendre, et si on me payait le million de dollars promis, est-ce que notre pauvre pays serait plus riche avec ces cinq millions de couronnes ? Ne sommes-nous pas plus riches et plus calmes, sachant que beaucoup d'eau devra encore couler sous les ponts du Danube et du Mississippi avant qu'une œuvre, pareille à Baalbek, voie le jour ? Mais tant que quelqu'un ne l'aura dépassé en perfection — cette conscience vaudra mieux que les millions des Yankees, à savoir que c'est une chose que l'on ne peut pas peindre ni même acheter, avec de l'argent. »

« Dans son développement physique, l'homme n'atteint même pas cent ans, mais spirituellement, il peut devenir immortel. Du point de vue tant physique que spirituel, le développement de l'homme subit les lois de la nature. Développer quelque chose en nous n'est possible qu'à l'aide de dons innés, les propriétés assimilées, imitées ou les réminiscences ne nous révéleront pas ce quelque chose. Si, pour personne ou pour rien, nous nous précipitons dans le feu, nous aurons attisé le quelqu'un qui est en nous, et en le répétant souvent, nous consumerons, en les dilapidant, les possibilités d'énergie qui sont en nous, au lieu de les faire éclater comme des volcans qui, jour après jour, accomplissent des travaux de grande signification sur le plan universel. »

« Moi, Tivadar Kosztka, qui ai renoncé à ma jeunesse pour le renouveau du monde,

reality into it. A work of art must be cherished as a flower, stone and animal must be observed according to its specific characteristics."

"We must not, however, forget that in universal order the ability to look into the sun has only been given to the eagle and the chosen artists. That is why the owl and the tiny stars dislike the sun."

"Rubens was a genius too, a genius who addressed the following words to Van Dyck: 'Son, you know more than I do, if you can paint background.' My answer, however, is this: 'Sons, you know a great deal, yet you know nothing, because you cannot paint the perspective of air and colour.'"

"I have no millions to build palaces with. If I took my paintings to America—where I have no wish to sell them—and received the promised million dollars for them, would our poor motherland be richer by five million crowns? Are we not richer and happier in the knowledge that much water will flow down the Danube and the Mississippi before a painting comparable with Baalbek will be created? Until someone surpasses my painting, the knowledge that money cannot buy or create this work of art will still be worth more than the Yankee's dollars."

"Man's span of physical development is less than a hundred years, but his soul can become immortal. His physical and mental development are governed by the rules of nature. We have to possess talent in order to find the value of our creative activity. Real personality will never be discovered with acquired or imitated talent. If we waste our energy the living being within us will be burnt out, and if we do this repeatedly, the creative urge will be burned up to no purpose, instead of our being able to produce works of world significance with the force of an erupting volcano."

"I, Tivadar Kosztka, sacrificed my youth in order to re-create the world when I agreed to carry out the invisible Spirit's mission, at a time when I had a respectable profession that offered me both comfort and wealth. But I left my country, it was a matter of necessity, in order that I could, at the end of my days, look back on a life that was rich and glorious. To achieve this aim I spent many years travelling through

sondern wie die Ameisen arbeiteten. Dank dieses Verdienstes reihen wir uns heute unter die großen Nationen ein und können Ungarn in die Weltgeschichte einschalten."

„Der unbeeinflußbare Verstand sucht und findet ebenso wie das göttliche Genie in der Schöpferkraft die Unsterblichkeit seines Lebens. Das göttliche Genie bringt mit seiner Schöpferkraft die Materie zustande, das menschliche Genie atmet dieser Materie die Wahrheit ein. Man muß eine Kunstschöpfung ebenso achten, wie man jede Blume, jeden Stein und jedes Tier seiner charakteristischen Arteigenschaft entsprechend betrachten muß."

„In der Weltordnung ist nur dem Adler und dem auserwählten Künstler die Fähigkeit gegeben, in die Sonne zu sehen. Deshalb hassen die Eulen und die kleinen Sterne die Sonne."

„Rubens war ebenfalls ein Genie, ein Genius, der zu Van Dyck sagte: Mein Sohn, du kannst mehr als ich, wenn du den Hintergrund malen kannst. Meine Aufgabe aber ist: Ihr könnt viel, meine Kinder, aber ihr könnt doch nichts, denn ihr könnt weder die Luftperspektive noch die Farbperspektive malen."

„Ich besitze keine Milliarden, um Paläste zu bauen. Brächte ich meine Gemälde nach Amerika, wo ich sie nicht verkaufen möchte — auch wenn sie mir die versprochene eine Million Dollar dafür zahlten —, wäre unser armes Vaterland durch die fünf Millionen Kronen dann reicher? Sind wir nicht reicher und ruhiger in dem Bewußtsein, daß noch viel Wasser die Donau und den Mississippi hinunterfließen wird, bis ein Gemälde entsteht, das man mit Baalbek vergleichen kann? Solange das Gemälde nicht überflügelt wird, solange man nichts Vollkommeneres schafft, solange ist dieses Bewußtsein mehr wert als die Million der Yankees: denn wir wissen, daß man so etwas weder für Geld malen noch für Geld kaufen kann."

„Die Entwicklung des menschlichen Körpers erreicht keine hundert Jahre, aber geistig kann der Mensch unsterblich werden. Sowohl in körperlicher als auch in geistiger Beziehung wird die Entwicklung des Menschen vom Gesetz der Natur bestimmt. Wir können aus uns selbst nur mit den uns gegebenen Fähigkeiten jemanden ent-

quand j'ai accepté l'invitation de l'Esprit invisible, j'avais déjà une profession, une vie rangée, du confort et de l'aisance. Pourtant, j'ai quitté mon pays, car il fallait le quitter, uniquement pour pouvoir le revoir, au déclin de mes jours, riche et glorieux. Pour atteindre ce but, pendant de longues années, j'ai parcouru l'Europe, l'Afrique et l'Asie afin de trouver la vérité annoncée et afin de la transposer dans mes peintures, et lorsque je possédais déjà l'armée nécessaire, marchant sur Paris en 1907, je me trouvai en face de millions ; seul avec le produit de la Providence divine, j'ai mis en miettes la vanité du monde entier ; un jour j'ai forcé Paris à capituler et j'ai surpassé le monde, mais les dix millions d'hommes, je ne les ai pas anéantis, je ne les ai que dégrisés, sans faire de la réclame à ces choses, car je me suis moqué de la presse des publicains et me suis retiré au sommet du Liban pour y peindre des cèdres. »

« Génie peut être celui dont le tour est venu, que le destin a désigné, dont les ancêtres possédaient la volonté et une culture intérieure et avaient des dons artistiques ; celui qui est né riche de tempérament et d'amour, qui a été amoureux de sa nourrice, du soleil, d'une comète ; celui qui a été attiré par la nature libre et qui a chassé des papillons, qui a aimé la vérité et ne s'est jamais ennuyé seul, qui a fait son travail avec amour, et avec ses pensées, a cherché l'avenir ; celui qui a rompu avec le présent et s'est mis en route, accompagné de mystère, qui, toujours et partout dans la lutte, s'est servi de son cœur, qui a changé de carrière et a gardé la nostalgie de l'école, qui a cherché et scruté dans les bibliothèques, qui, en entendant parler d'hommes de rénommée universelle, a découvert son amour-propre, qui a connu toujours et en tout son devoir, qui s'est montré persévérant, zélé sans se lasser, exigeant mais jamais orgueilleux bien qu'il ait senti en lui la supériorité, qui a voulu connaître le monde et a beaucoup voyagé, qui n'a jamais hésité, voyant les limites, qui a été partout et en tout original, indépendant de tout et de tous... »

« Ne peut donc peindre des tableaux de bataille qui n'est pas soutenu par le génie divin ; qui ne connaît pas la biologie de la Terre, la perspective de la vie de l'air, la gamme des couleurs du soleil ; qui ne connaît pas l'ombre du chaud et du froid, le trait de dessin fidèle à la vie, les différentes perspectives des différentes cavités ; qui

Europe, Africa and Asia in pursuit of the ordained truth and the means of realizing this through my paintings. In 1907 when I had accumulated an adequate army, I travelled to Paris and stood alone before the millions—a proof of divine providence—crushing the vanity of the whole world in one blow. In a single day I had forced Paris to surrender and had excelled the world, and this I achieved without killing ten million people, I had merely brought them to their senses. I did not advertize my work, paid no attention to the profiteers and their press, but retreated to the summit of Lebanon and painted the cedars."

"The genius is the man who is chosen by the hand of fate, whose ancestors possessed a strong will, intelligence and artistic talent. He is the man who comes into the world full of love, who loves his nurse, loves the sun and the stars, longs for nature and runs after the butterfly; who loves truth and is never seized by boredom; who enjoys work and having broken with the present, only thinks of the future; who follows the rules of his heart in every struggle; who having changed his profession, longs to return to the studious life, to search and study in the libraries. He is the man whose consciousness is jealously aroused on hearing the names of world famous men; who is indefatigably zealous, but never demandingly proud in his own time; who longs to know everything about the world and has travelled a great deal; who sees the limits, but falters not; who is always original in everything and wholly independent..."

"A battle scene cannot be painted by the man who is not borne up by divine genius; who is not acquainted with the physiology of the earth, the solar spectrum, or the shades of heat and cold; who cannot recognize the life line of a drawing or the perspective of depth; who is not possessed with poetic talent or wisdom, and has no patience; who is the slave of alcohol and nicotine; who has no hope of divine connection, is conceited and has struggled for privileges; who has worked merely for money and has not been led on by inspiration; who has used influence to gain advancement. He might be a good gun-smith, but he'll never make a $30^{1}/_{2}$ or 42 bore gun; he might be a good painter, who lives by reproduction; he might be a good portrait or landscape painter, but he will never be able to paint a battle scene."

wickeln, mit eingelernten, nachgeahmten oder nachempfundenen Fähigkeiten können wir diesen Jemand nicht finden. Wenn wir wegen nichts und niemandem ins Feuer gehen und den Menschen in uns entzünden, und wenn wir das oft wiederholen, dann verbrennen und verschleudern wir die in uns lebende Energie, anstatt wie ein ausbrechender Vulkan Tag für Tag eine weltbewegende Arbeit zu vollbringen."

„Ich, Tivadar Kosztka, entsagte um der Erneuerung der Welt willen meiner Jugend. Als ich die Berufung des unsichtbaren Geistes annahm, befand ich mich im Besitz einer ordentlichen bürgerlichen Stellung, von Bequemlichkeit und Wohlhabenheit. Aber ich verließ mein Vaterland, weil ich es verlassen mußte und weil ich es in der Abenddämmerung meines Lebens reich und glorreich sehen will. Um dieses Ziel zu erreichen, reiste ich lange Jahre durch Europa, Afrika und Asien. Ich wollte die prophezeite Wahrheit finden und sie in die Praxis der Malerei übertragen. Als ich schon über die notwendige Streitmacht verfügte, stand ich 1907 in Paris allein Millionen gegenüber mit meinen Erfolgen, die ich der göttlichen Fürsorge zu verdanken hatte. Ich schlug die Eitelkeit der ganzen Welt in Trümmer, an einem Trag brachte ich Paris zur Kapitulation und überflügelte die ganze Welt. Aber ich vernichtete nicht zehn Millionen Menschen, sondern brachte sie nur zur Vernunft. Ich machte keine Reklame aus der Sache, denn um die Presse dieser Krämer und Händler kümmerte ich mich nicht. Ich zog mich statt dessen auf die Höhen des Libanon zurück und malte dort Zedern."

„Ein Genie kann werden, wer an der Reihe ist, wen die Hand des Schicksals erwählt hat, dessen Ahnen mit Willensstärke, Seelenbildung und künstlerischer Begabung ausgestattet waren, wer voller Saft und Kraft und Liebe auf die Welt kam, wer in seine Amme verliebt war, wer in die Sonne und die Kometen verliebt war; wer sich ins Freie sehnte und den Schmetterlingen hinterherlief, wer die Wahrheit liebte, sich mit sich selbst nie langweilte, wer seine Arbeit mit Liebe tut und in seinen Gedanken die Zukunft sucht, wer mit der Gegenwart gebrochen und sich voller Ahnungen auf den Weg gemacht hat, wer überall und bei allem im Kampf sein Herz einsetzte; wer seinen Beruf wechselte und sich in die Schule zurücksehnte, wer suchte und forschte in den Bibliotheken, wer eifersüchtig zum

n'est pas béni de talent poétique ; qui n'est pas armé de philosophie ; qui n'est pas rompu à la patience ; qui vit sous l'effet de l'alcool et de la nicotine ; qui n'a pas d'espérance dans les relations avec le divin ; qui est infatué ; qui a joué des coudes pour avoir la priorité et s'est vu écarté ; qui n'a travaillé que pour l'argent et ne s'est pas appuyé sur l'inspiration ; qui a avancé grâce à des protecteurs ; celui-là peut faire de bons revolvers et fusils, mais il ne fera jamais de canons de calibre 30,5 ou 42 ; il pourra être un bon peintre qui vivra de ses réminiscences, il pourra être un bon portraitiste ou paysagiste, mais ne pourra pas être auteur de scènes de bataille. »

« Je ne parle pas de moi-même dont toute la vie est soumise à une force Créatrice invisible comme il en existe dans l'art des Grecs, mais qui est malheureusement introuvable en peinture : ainsi, dans le temps, mes œuvres figureront au ciel, comme des étoiles à part. »

(Les textes cités sont conservés dans les Archives de la Galerie Nationale Hongroise, à l'exception de la lettre adressée à Gusztáv Keleti.)

"I am not speaking of myself, for all my life I have been the servant of an unseen creative force, like the force perceptible in Greek sculpture, but unfortunately not visible in painting. When the time comes my paintings will shine like isolated stars in the sky."

(The writings quoted above are, with the exception of the letter to Gusztáv Keleti, to be found in the Documentation Department of the Hungarian National Gallery.)

Selbstbewußtsein erwachte, wenn er von weltberühmten Persönlichkeiten hörte, wer überall und in allen Dingen pflichtbewußt, ausdauernd und unermüdlich eifrig war, wer zu seiner Zeit nie hochmütig auftrat, obwohl er sich seines höheren Rangs innerlich bewußt war; wer sich nach der Kenntnis der weiten Welt sehnte, wer viel reiste, beim Anblick einer Grenze niemals zögerte, wer ursprünglich war überall und in allem, unabhängig von allem und von jedermann..."

„Also kann derjenige kein Schlachtengemälde schaffen, den das göttliche Genie nicht unterstützt, der nicht die Biologie der Erde kennt, der nicht die Lebensperspektive der Luft kennt, der nicht die Skala des Sonnenlichtes kennt, der nicht die Chemie der Farben kennt, der nicht die leuchtenden Farben kennt, der nicht den kalten und den warmen Schatten kennt, der nicht die lebensechte Zeichenlinie kennt, der nicht die Perspektive der verschiedenen Vertiefungen kennt, der nicht mit dichterischem Talent gesegnet ist, der nicht mit Weisheit versehen ist, der nicht an Geduld gewöhnt ist, der unter der Wirkung des Alkohols und des Nikotins steht, der nicht an die Bindung an Gott glaubt, der überheblich ist, der sich um Priorität reißt und niedergebrochen ist, der nur für Geld arbeitet und sich nicht auf die Inspiration stützt, der mit Hilfe von Protektion vorwärtsgekommen ist. Ein solcher Mensch kann ein guter Revolver- oder Gewehrmacher werden, aber ein 30,5er oder 42er Geschütz wird er nie herstellen können. So kann er ein guter Maler werden, der von den nachgeahmten Nachempfindungen lebt, er kann ein guter Porträt- oder Landschaftsmaler werden, aber nie ein Schlachtenmaler."

„Ich spreche nicht von mir — dessen gesamtes Leben der Kraft eines unsichtbaren Schöpfers ausgeliefert ist, so wie man es in der Kunst der Griechen finden kann, aber leider kann man es in der Malerei nicht bemerken: So werden meine Arbeiten als alleinstehende Sterne am Himmel leuchten, wenn die Zeit gekommen ist."

(Die zitierten Schriften werden — mit Ausnahme des Briefes an Gusztáv Keleti — in dem Archiv der Ungarischen Nationalgalerie aufbewahrt.)

Données biographiques

1853 Naissance de Tivadar Csontváry Kosztka, fils de László Kosztka, pharmacien, et de Franciska Hajczelmayer, de Darócz, le 5 juillet à Kisszeben.
1874 Études universitaires.
1875 Stage dans une pharmacie à Igló.
1880 Le 13 octobre, vision mystique. Une voix intérieure lui dit : « Tu seras le plus grand plein-airiste du monde, plus grand que Raphaël. »
1881 Voyage d'étude à Rome à Pâques. Csontváry assume la tâche dont il se voit chargé. Il s'accorde vingt ans pour s'y préparer.
1884 A partir du 15 octobre, il tient à Gács une pharmacie qui lui permet de vivre.
1894 A partir de mars, études de peinture à l'école de Hollósy à Munich, puis à Karlsruhe et à Paris. Première toile peinte à l'huile.
1896-1902 Voyages d'étude en Italie et en Dalmatie. Années de préparation.
1902-1904 Années de recherche du grand motif, période naïve-réaliste. — Voyage d'étude en Europe occidentale, puis, au Caire. Il découvre enfin le « plein-air » tant cherché.
1904 Épanouissement de la pleine maturité. Csontváry commence son grand tableau *Tátra* ; toiles d'Athènes.
1905 *Les Ruines du théâtre grec à Taormina*. Exposition à Budapest.
1906 Toiles de Jérusalem et *Baalbek*.
1907 Du 7 juin au 7 juillet, exposition à Paris, au Palais de Glace. Compliment de Pierre Weber, critique d'art du *New York Herald Tribune*. Csontváry peint les *Cèdres*.
1908 Exposition à la Galerie d'Art de Budapest. *Le Puits de la Vierge à Nazareth*
1909 *Cavalcade au bord de la mer*.
1910 Fin de la période créatrice. La psychose latente empire. Dessins à caractère schizoïde. Exposition à l'Université Polytechnique de Budapest.

Biographical Notes

1853 Csontváry was born on 5th July, in the small highland town of Kisszeben (Sabinov). His father, Dr. László Kosztka was a physician and pharmacist. His mother's maiden name was Franciska Hajczelmajer de Daróc.
1874 University studies and a period
1875 working as an assistant pharmacist in Igló.
1880 It was on 13th October, that Csontváry experienced a mystical revelation, in which an inner voice prophesied to him: "You will be the greatest 'sunway' (plein-ain) painter in the world, greater than Raphael".
1881 He gave himself twenty years to prepare for this task.
1884 He set up a pharmacy at Gács, to provide himself with money.
1894 Then years later Csontváry joined the school of Hollósy in Munich and then studied in Karlsruhe and Paris. His first oil painting dates from this period.
1896-1902 He continued his preparation with visits to Italy and Dalmatia.
1902-1904 During the following two years his search for the great theme took him to Western Europe and finally Cairo, where he found the much sought after "plein-air". During these years he was painting in the naive-realistic style.
1904 Csontváry was establishing himself as a mature artist. He started working on his great painting of the Tatras and produced his pictures of Athens.
1905 was the year of his first exhibition, held in Budapest. "Ruins of the Greek Theatre at Taormina" was completed,
1906 followed by the paintings of Jerusalem and Baalbek.
1907 An exhibition of his work was held in Paris in the Palais de Glace, from 7th June to 7th July. His paintings were praised by Pierre Weber, the art

Biographische Angaben

1853 Am 5. Juli wurde Csontváry in Kisszeben geboren. Sein Vater war der Mediziner und Apotheker Dr. László Kosztka, seine Mutter Franciska Hajczelmajer aus Darócz.
1874 Universitätsstudien.
1875 Csontváry wurde Praktikant in einer Apotheke in Igló.
1880 Am 13. Oktober hatte er das mystische Erlebnis seiner Berufung. Eine innere Stimme verkündete ihm: „Du wirst der größte Sonnenweg-(Plein-air-)maler der Welt werden, größer als Raffael." (Sonnenwegmalerei war Csontvárys spezifische Übersetzung des Begriffs Pleinairmalerei, die er auch später immer wieder benutzte.)
1881 Ostern unternahm Csontváry eine Studienreise nach Rom, um sich über den Umfang seiner Aufgabe klarzuwerden. Er glaubte, er werde zwanzig Jahre für die Vorbereitung brauchen.
1884 Um seine materielle Unabhängigkeit zu sichern, eröffnete Csontváry Ende des Jahres in Gács eine Apotheke.
1894 Vom März an studierte er bei Hollósy in München, danach in Karlsruhe und in Paris. In diesem Jahr entstand das erste Ölgemälde.
1896—1902 Studienreisen nach Italien und Dalmatien, die Jahre der Vorbereitung.
1902—1904 Die Jahre, die von der Suche nach dem großen Motiv bestimmt waren, die naiv-realistische Periode Csontvárys. Studienreise nach Westeuropa, in Kairo „erfand" Csontváry die so lange angestrebte „Pleinairmalerei".
1904 Der Anfang der Reifeperiode. Beginn des großen Tatragemäldes „Groß-Tarpatak in der Tatra", die Athener Bilder.
1905 „Die Ruinen des griechischen Theaters in Taormina". Ausstellung in Budapest.
1906 Die Jerusalem-Bilder und „Baalbek".
1907 Vom 7. Juni bis zum 7. Juli in Paris

1912 Pamphlet intitulé *Énergie et art. L'Erreur de l'homme civilisé*

1913 Étude intitulée *le Génie. Qui peut, ou non, être génie*.

1914 Csontváry commence le carton de la *Conquête arpadienne*; esquisses de scènes de bataille.

1919 Csontváry meurt le 20 juillet d'une « inflammation artérielle ».

1930 Exposition au Musée Ernst.

1936 Exposition, au Salon Fränkel, de toiles nouvellement découvertes.

1946 Exposition à Budapest dans les locaux du siège du Parti communiste hongrois. Expositions à Paris et à Bruxelles.

1958 Le tableau intitulé *Cavalcade au bord de la mer* obtient le Grand Prix de l'exposition universelle de Bruxelles, de l'exposition « Cinquante ans d'art moderne ».

1962 Exposition au Palais des Beaux-Arts à Bruxelles.

1963 Exposition à la Galerie István Csók à Székesfehérvár et au Musée des Beaux-Arts de Budapest.

critic of the New York Herald Tribune. This year marks the completion of his paintings of the Cedars.

1908 Csontváry's work was exhibited again in the Industry Hall of Budapest.

1909 "Mary's Well at Nazareth" and "Ride on the Seashore" date from this period.

1910 marked the end of his creative period. His psychosis grew worse and the schizoid drawings date from this time. An exhibition was held in the Technical University in Budapest.

1912 Two years later Csontváry wrote a pamphlet entitled "Energy and Art, the Errors of Civilized Man", and

1913 a study called "Genius. Who Can and Who Cannot Be a Genius."

1914 A cartoon—"Arrival of the Conquering Magyars in Hungary" and some sketches of battle scenes date from this year.

1919 Csontváry died of "arthritis" on 20th June, 1919.

1930 Exhibition at the Ernst Museum, in Budapest,

1936 an exhibition of newly found paintings in the Frankel Szalon;

1946 in the premises of the Hungarian Communist Party; in Paris and Brussels;

1958 at the international exhibition entitled "Fifty Years of Modern Art" in Brussels, where "Ride on the Seashore" was awarded the Grand Prix;

1962 at the Palais des Beaux-Arts in Brussels;

1963 at the István Csók Gallery in Székesfehérvár and at the Museum of Fine Arts in Budapest.

Ausstellung im Palais de Glace. Pierre Weber, der Kunstkritiker der *New York Herald Tribune*, würdigte Csontvárys Schaffen. Die Zederndarstellungen.

1908 Ausstellung in der Budapester Industriehalle. „Der Marienbrunnen in Nazareth".

1909 „Spazierritt am Meer".

1910 Die schöpferische Periode Csontvárys ist abgeschlossen, die latente Psychose kommt zum Ausbruch. Schizoide Zeichnungen. Ausstellung in der alten Technischen Hochschule in Budapest.

1912 Es erschien das Pamphlet *Energie und Kunst, der Irrtum des Kulturmenschen*.

1913 Studie *Das Genie. Wer ein Genie werden kann und wer nicht*.

1914 Beginn des Kartons „Einzug der Ungarn", Skizzen zu einem Schlachtengemälde.

1919 Am 20. Juni stirbt Csontváry an „Arterienentzündung".

1930 Ausstellung im Ernst-Museum.

1936 Ausstellung neu entdeckter Csontváry-Gemälde im Fränkel-Salon.

1946 Ausstellung im Büro der Ungarischen Kommunistischen Partei in der Fillér utca. Ausstellung in Paris und danach in Brüssel.

1958 Auf der Brüsseler Weltausstellung wurde in der Ausstellung „50 Jahre moderne Kunst" das Gemälde „Spazierritt am Meer" gezeigt. Es erhielt den Grand Prix.

1962 Im Dezember Ausstellung im Palais des Beaux Arts in Brüssel.

1963 Ausstellung in Székesfehérvár (István-Csók-Galerie) und in Budapest (Museum der Bildenden Künste).

Liste des illustrations List of Illustrations Bilderverzeichnis

1. Bouvret abbatu par un épervier
   Toile, huile, 54×44 cm, non signé. 1893.
   Propriété de Gedeon Gerlóczy, Budapest
2. Chevreuil
   Toile, huile, 100×120 cm, non signé. 1893.
   Propriété de Mme R. Oppenheimer, Losonc
3. Jeune peintre
   Toile, huile, 38,5×29 cm, non signé. 1898.
   Galerie Nationale Hongroise, Budapest
4. Femme assise auprès d'une fenêtre
   Toile, huile, 73×95 cm, non signé. 1894.
   Galerie Nationale Hongroise, Budapest
5. Pompéi Have (la Maison du chirurgien avec le Vésuve)
   Toile, huile, 47×51 cm, non signé. 1897-1898.
   Propriété de György Szegedy-Maszák, Budapest
6. Soleil couchant sur Trau
   Toile, huile, 70×95 cm, signé en bas, à gauche : « Trau, peint et offert au Parlement par Tivadar, en 1902 » (signé postérieurement à l'exécution du tableau). 1899.
   Propriété de György Szegedy-Maszák, Budapest
7. Amandiers en fleur (Paysage italien)
   Toile, huile, 43×51,5 cm, non signé. Vers 1901-1902.
   Propriété de Sándor Petró, Miskolc
8. Moine prêchant
   Toile, huile, non signé. Vers 1899.
   Propriété de Rudolf Bedő, lieu de conservation inconnu
9. Pleine lune à Taormina
   Toile, huile, 48×98 cm, non signé. 1901.
   Propriété de Jenő Tarján, Budapest
10. Pleine lune à Taormina (détail)

1. Sparrow-Hawk Seizing a Bullfinch
   Oil on canvas; unsigned, 1893; 21⁵/₈″×17⁵/₈″.
   In the possession of Gedeon Gerlóczy, Budapest
2. Deer
   Oil on canvas; unsigned, 1893; 40″×48″.
   In the possession of Mrs. R. Oppenheimer, Losonc
3. Young Painter
   Oil on canvas; unsigned, 1898; 15³/₈″×11⁵/₈″:
   Hungarian National Gallery, Budapest
4. Woman Sitting at the Window
   Oil on canvas; unsigned, 1894; 29¹/₄″×38″.
   Hungarian National Gallery, Budapest
5. Pompei Have (The Surgeon's House with Mount Vesuvius)
   Oil on canvas; unsigned, 1897–1898; 18³/₄″×20⁵/₈″.
   In the possession of György Szegedy-Maszák, Budapest
6. The Sun Looking Back at Trau
   Oil on canvas; signed lower left "Trau, 1902, painted by Tivadar as a present to Parliament" (later dedication), 1899; 28″×38″. In the possession of György-Szegedy-Maszák, Budapest
7. Almonds Blossoming (Italian Landscape)
   Oil on canvas; unsigned, 1901; 19¹/₄″×39¹/₄″.
   In the possession of Sándor Petró, Miskolc
8. Monk Preaching
   Oil on canvas; unsigned, c. 1899.
   Formerly in the possession of Rudolf Bedő. Whereabouts unknown
9. Full Moon over Taormina
   Oil on canvas; unsigned, 1901; 19¹/₄″×39¹/₄″.
   In the possession of Jenő Tarján, Budapest
10. Full Moon over Taormina (detail)

1. Sperber, der einen Gimpel schlägt
   Öl auf Leinwand. 54×44 cm.
   Ohne Signatur, 1893.
   Im Besitz von Gedeon Gerlóczy, Budapest
2. Reh
   Öl auf Leinwand. 100×120 cm.
   Ohne Signatur, 1893.
   Im Besitz von Frau R. Oppenheimer, Losonc
3. Malerbursche
   Öl auf Leinwand. 38,5×29 cm.
   Ohne Signatur, 1898.
   Ungarische Nationalgalerie, Budapest
4. Frau am Fenster
   Öl auf Leinwand. 73×95 cm.
   Ohne Signatur, 1894.
   Ungarische Nationalgalerie, Budapest
5. Pompeji Have (Das Haus des Chirurgen mit dem Vesuv)
   Öl auf Leinwand. 47×51 cm.
   Ohne Signatur, 1897/98.
   Im Besitz von Dr. György Szegedy-Maszák, Budapest
6. Abendsonne in Trau
   Öl auf Leinwand. 70×95 cm.
   Signiert unten links: „Trau 1902, gemalt vom Maler Tivadar als Geschenk für das Parlament" (nachträgliche Widmung), 1899.
   Im Besitz von Dr. György-Szegedy-Maszák, Budapest
7. Mandelblüte (Italienische Landschaft)
   Öl auf Leinwand. 43×51,5 cm.
   Ohne Signatur. Um 1901/02.
   Im Besitz von Dr. Sándor Petró, Miskolc
8. Predigender Mönch
   Öl auf Leinwand. Ohne Signatur. Um 1899. Früher im Besitz von Dr. Rudolf Bedő, jetzt verschollen
9. Vollmond in Taormina
   Öl auf Leinwand. 48×98 cm.
   Ohne Signatur, 1901.
   Im Besitz von Jenő Tarján, Budapest
10. Vollmond in Taormina (Detail)

11. Vieux pêcheur
    Toile, huile, 59,5 × 45 cm, non signé.
    1902.
    Propriété de Sándor Petró, Miskolc
12. Coucher de soleil dans le golfe
    de Naples
    Toile, huile, 31 × 50 cm, non signé.
    1901.
    Propriété de György Szegedy-Maszák,
    Budapest
13. Portrait de l'artiste par lui-même
    Toile, huile, 67 × 39,5 cm, non signé.
    Entre 1896 et 1902.
    Galerie Nationale Hongroise, Budapest
14. Ville maritime
    Toile, huile, 43,3 × 114 cm, non signé.
    Vers 1902.
    Propriété privée, Budapest
15. Pont romain à Mostar
    Toile, huile, 92 × 185 cm, non signé.
    1903.
    Galerie Janus Pannonius, Pécs
16. Vue de Selmecbánya
    Toile, huile, 90 × 153 cm, non signé.
    1902.
    Propriété de Gedeon Gerlóczy,
    Budapest
17. Vue de Selmecbánya (détail)
18. Éclosion du printemps à Mostar
    Toile, huile, 69 × 91 cm, non signé 1903.
    Propriété de András Bokrétás, Budapest
19. Castellammare di Stabia
    Toile, huile, 100 × 120 cm, signé en bas,
    à gauche : « Castellammare di Stabia,
    1902. » Galerie Janus Pannonius, Pécs
20. Castellammare di Stabia (détail)
21. Couple d'amoureux
    Toile, huile, 40 × 65 cm, non signé.
    Vers 1902-1903.
    Propriété de László Hidas, Budapest
22. La Sortie de Zrínyi
    Toile, huile, 82 × 131 cm, non signé.
    1903.
    Propriété de Kálmán Révész, Budapest
23. János Hunyadi au siège
    de Nándorfehérvár
    Toile, huile, non signé. 1903.
    Collection privée, Budapest
24. La Sortie de Zrínyi (détail)
25. Services électriques à Jajce nocturne
    Toile, huile, 82 × 134 cm, non signé.
    1903.
    Propriété de Gedeon Gerlóczy,
    Budapest

11. Old Fisherman
    Oil on canvas; unsigned, 1902;
    23 3/4" × 18".
    In the possession of Dr. Sándor Petró,
    Miskolc
12. Sunset in the Bay of Naples
    Oil on canvas; unsigned, 1901;
    12 3/8" × 20".
    In the possession of György Szegedy-
    Maszák, Budapest
13. Self-Portrait
    Oil on canvas; unsigned, between
    1896 and 1902; 26 3/4" × 15 3/4".
    Hungarian National Gallery,
    Budapest
14. Seaside Town
    Oil on canvas; unsigned, c. 1902;
    17 1/4" × 45 1/2".
    Private collection, Budapest
15. Roman Bridge at Mostar
    Oil on canvas, 1903; 22 3/4" × 69".
    Pécs, Janus Pannonius Gallery
16. View of Selmecbánya
    Oil on canvas; unsigned, 1902;
    36" × 61 1/4".
    In the possession of Gedeon Gerlóczy,
    Budapest
17. View of Selmecbánya (detail)
18. The Coming of Spring in Mostar
    Oil on canvas; unsigned, 1903;
    27 5/8" × 36 3/8".
    In the possession of András Bokrétás,
    Budapest
19. Castellammare di Stabia
    Oil on canvas: signed lower left:
    "Castellammare di Stabia, 1902";
    40" × 48".
    Pécs, Janus Pannonius Gallery
20. Castellammare di Stabia (detail)
21. Lovers
    Oil on canvas; unsigned, c. 1902-1903;
    16" × 26".
    In the possession of László Hidas,
    Budapest
22. Zrínyi's Sally
    Oil on canvas; unsigned, 1903;
    32 3/4" × 52 3/4".
    In the possession of Kálmán Révész,
    Budapest
23. Hunyadi in the Battle of Nándorfehérvár
    Oil on canvas; unsigned, 1903.
    Private collection, Budapest
24. Zrínyi's Sally (detail)
25. Electricity Works of Jajce at Night
    Oil on canvas; unsigned, 1903;
    32 3/4" × 53 5/8".
    In the possession of Gedeon Gerlóczy,
    Budapest

11. Alter Fischer
    Öl auf Leinwand. 59,5 × 45 cm.
    Ohne Signatur, 1902.
    Im Besitz von Dr. Sándor Petró,
    Miskolc
12. Sonnenuntergang über dem Golf
    von Neapel
    Öl auf Leinwand. 31 × 50 cm.
    Ohne Signatur, 1901.
    Im Besitz von Dr. György Szegedy-
    Maszák, Budapest
13. Selbstbildnis
    Öl auf Leinwand. 67 × 39,5 cm.
    Ohne Signatur. Zwischen 1896 und
    1902. Ungarische Nationalgalerie,
    Budapest
14. Stadt am Meer
    Öl auf Leinwand. 43,3 × 114 cm.
    Ohne Signatur. Um 1902.
    In Privatbesitz in Budapest
15. Römische Brücke in Mostar
    Öl auf Leinwand. 92 × 185 cm.
    Ohne Signatur, 1903.
    Im Besitz der Janus-Pannonius-Galerie,
    Pécs
16. Ansicht von Selmecbánya
    Öl auf Leinwand. 90 × 153 cm.
    Ohne Signatur, 1902.
    Im Besitz von Gedeon Gerlóczy,
    Budapest
17. Ansicht von Selmecbánya (Detail)
18. Frühlingsbeginn in Mostar
    Öl auf Leinwand. 69 × 91 cm.
    Ohne Signatur, 1903.
    Im Besitz von Dr. András Bokrétás,
    Budapest
19. Castellammare di Stabia
    Öl auf Leinwand. 100 × 120 cm.
    Signatur unten links: „Castellammare
    di Stabia 1902". Im Besitz der
    Janus-Pannonius-Galerie, Pécs
20. Castellammare di Stabia (Detail)
21. Liebespaar
    Öl auf Leinwand. 40 × 65 cm.
    Ohne Signatur. Um 1902/03.
    Im Besitz von László Hidas, Budapest
22. Zrínyis Ausfall
    Öl auf Leinwand. 82 × 131 cm.
    Ohne Signatur, 1903.
    Im Besitz von Kálmán Révész,
    Budapest
23. János Hunyadi in der Schlacht von
    Nándorfehérvár
    Öl auf Leinwand. Ohne Signatur, 1903.
    In Privatbesitz in Budapest
24. Zrínyis Ausfall (Detail)

26. Cascades à Jajce
Toile, huile, 96×152 cm, non signé.
1903.
Propriété de Gedeon Gerlóczy,
Budapest
27. Cascades à Jajce (détail)
28. Arbres de Jajce à la lumière électrique
Toile, huile, 92×88 cm, non signé.
1903.
Propriété de Gedeon Gerlóczy,
Budapest
29. Naufrage
Toile, huile, 57×75 cm, non signé.
1903.
Propriété de László Hidas, Budapest
30. Naufrage (détail)
31. La Passion (fragment)
Toile, huile, 61×53 cm, non signé.
1903.
Lieu de conservation inconnu
32. La Passion (fragment, détail)
33. La Passion (fragment)
34. Soir au Caire
Toile, huile, non signé. 1904.
Lieu de conservation inconnu
35. Tempête sur le Grand Hortobágy
Toile, huile, 58×116,5 cm, non signé.
1903.
Propriété de Gedeon Gerlóczy,
Budapest
36. Tempête sur le Grand Hortobágy
(détail)
37. Le Sauveur en prière
Toile, huile, 100×82 cm, non signé.
1903.
Propriété de Rudolf Bedő, Budapest
38. Le Sauveur en prière (détail)
39. Les Ruines du temple de Jupiter
à Athènes
Toile, huile, 66×138 cm, non signé.
1904.
Propriété de Imre Szebényi, Budapest
40. Mur des Lamentations à Jérusalem
Toile, huile, 205×293 cm, non signé.
1904.
Propriété de Gedeon Gerlóczy,
Budapest ; en dépôt dans la Galerie
Nationale Hongroise, Budapest
41. Mur des Lamentations à Jérusalem
(détail)
42. Mur des Lamentations à Jérusalem
(détail)
43. Mur des Lamentations à Jérusalem
(détail)
44. Compagnie passant le pont
Toile, huile, 60×72 cm, non signé.
1903-1904.
Propriété de Rudolf Bedő, Budapest

26. Waterfall of Jajce
Oil on canvas; unsigned, 1903;
38 4/8″×60 5/8″.
In the possession of Gedeon Gerlóczy,
Budapest
27. Waterfall of Jajce (detail)
28. Trees in Electric Light at Jajce
Oil on canvas; unsigned, 1903;
36 3/4″×33 1/4″.
In the possession of Gedeon Gerlóczy,
Budapest
29. Shipwreck
Oil on canvas; unsigned, 1903;
22 3/4″×30″.
In the possession of László Hidas,
Budapest
30. Shipwreck (detail)
31. Passion (fragment)
Oil on canvas; unsigned, 1903;
24 5/8″×21 1/8″. Whereabouts unknown
32. Passion (fragment, detail)
33. Passion (fragment)
34. Evening in Cairo
Oil on canvas; unsigned, 1904.
Whereabouts unknown
35. Storm on the Great Hortobágy
Oil on canvas; unsigned, 1903;
23 1/4″×46 5/8″.
In the possession of Gedeon Gerlóczy,
Budapest
36. Storm on the Great Hortobágy (detail)
37. The Saviour Praying
Oil on canvas; unsigned, 1903;
40″×32 5/8″.
In the possession of Rudolf Bedő,
Budapest
38. The Saviour Praying (detail)
39. Ruins of the Temple of Zeus in Athens
Oil on canvas; unsigned, 1904;
26 1/2″×55 1/4″.
In the possession of dr. Imre Szebényi,
Budapest
40. At the Entrance of the Wailing-Wall
in Jerusalem
Oil on canvas; unsigned, 1904;
82″×117″.
In the possession of Gedeon Gerlóczy,
lent to the Hungarian National Gallery,
Budapest
41. At the Entrance of the Wailing-Wall
in Jerusalem (detail)
42. At the Entrance of the Wailing-Wall
in Jerusalem (detail)
43. At the Entrance of the Wailing-Wall
in Jerusalem (detail)

25. Das Elektrizitätswerk von Jajce
bei Nacht
Öl auf Leinwand. 82×134 cm.
Ohne Signatur, 1903.
Im Besitz von Gedeon Gerlóczy,
Budapest
26. Der Wasserfall von Jajce
Öl auf Leinwand. 96×152 cm.
Ohne Signatur, 1903.
Im Besitz von Gedeon Gerlóczy,
Budapest
27. Der Wasserfall von Jajce (Detail)
28. Elektrisches Licht auf den Bäumen
in Jajce
Öl auf Leinwand. 92×88 cm.
Ohne Signatur, 1903.
Im Besitz von Gedeon Gerlóczy,
Budapest
29. Der Schiffbruch
Öl auf Leinwand. 57×75 cm.
Ohne Signatur, 1903.
Im Besitz von László Hidas, Budapest
30. Der Schiffbruch (Detail)
31. Die Passion (Bruchstück)
Öl auf Leinwand. 61×53 cm.
Ohne Signatur, 1903.
Früher im Besitz von Ferenc Hatvany,
derzeit verschollen.
32. Die Passion (Bruchstück,
Detail)
33. Die Passion (Bruchstück)
34. Ein Abend in Kairo
Öl auf Leinwand. Ohne Signatur, 1904.
Verschollen.
35. Sturm über der Großen Hortobágy
Öl auf Leinwand. 58×116,5 cm.
Ohne Signatur, 1903.
Im Besitz von Gedeon Gerlóczy,
Budapest
36. Sturm über der Großen Hortobágy
(Detail)
37. Der betende Heiland
Öl auf Leinwand. 100×82 cm.
Ohne Signatur, 1903.
Im Besitz von Rudolf Bedő, Budapest.
38. Der betende Heiland (Detail)
39. Die Ruinen des Zeus-Tempels in Athen
Öl auf Leinwand. 66×138 cm.
Ohne Signatur, 1904.
Im Besitz von Dr. Imre Szebényi,
Budapest
40. Die Klagemauer in Jerusalem
Öl auf Leinwand. 205×293 cm.
Ohne Signatur, 1904.
Leihgabe von Gedeon Gerlóczy, in der
Ungarischen Nationalgalerie, Budapest
41. Die Klagemauer in Jerusalem (Detail)
42. Die Klagemauer in Jerusalem (Detail)
43. Die Klagemauer in Jerusalem (Detail)

45. La Vallée du Grand Tarpatak dans la Tátra
Toile, huile, 230×520 cm, non signé. 1904-1905.
Propriété de Gedeon Gerlóczy, Budapest; en dépôt dans la Galerie Nationale Hongroise, Budapest
46. La Vallée du Grand Tarpatak dans la Tátra (détail)
47. La Vallée du Grand Tarpatak dans la Tátra (détail)
48. Promenade en voiture à la nouvelle lune à Athènes
Toile, huile, 92×72 cm, non signé. 1904.
Propriété de Gedeon Gerlóczy, Budapest
49. Rue à Athènes
Toile, huile, 102×90 cm, non signé. 1904.
Propriété de Kálmán Révész, Budapest
50. Les Ruines du théâtre grec à Taormina
Toile, huile, 302×570 cm, non signé. 1904-1905.
Propriété de Gedeon Gerlóczy, Budapest; en dépôt dans la Galerie Nationale Hongroise, Budapest
51. Les Ruines du théâtre grec à Taormina (détail)
52. Les Ruines du théâtre grec à Taormina (détail)
53. Le Petit Taormina
Toile, huile, 70×98,5 cm, non signé. 1904.
Galerie Nationale Hongroise, Budapest
54. Le Petit Taormina (détail)
55. Baalbek
Toile, huile, 385×714 cm, non signé. 1906. Propriété de Gedeon Gerlóczy, Budapest; en dépôt dans la Galerie Nationale Hongroise, Budapest
56. Baalbek (détail)
57. Baalbek (détail)
58. Baalbek (détail)
59. Baalbek (détail)
60. Le Mont des Oliviers à Jérusalem
Toile, huile, 118×115 cm, non signé. 1905.
Propriété de János Ónody, Eger
61. Vue depuis la Porte de Damas sur la mer Morte à Jérusalem, à travers la place de l'église
Toile, huile, 127×262,2 cm, non signé. 1905. Propriété de Gedeon Gerlóczy, Budapest; en dépôt dans la Galerie Nationale Hongroise, Budapest

44. Company Passing over a Bridge
Oil on canvas; unsigned, c. 1903-1904; 24″×28⅝″.
In the possession of Rudolf Bedő, Budapest
45. The Valley of the Great Tarpatak in the Tátra
Oil on canvas; unsigned, 1904-1905; 92″×208″.
In the possession of Gedeon Gerlóczy, lent to the Hungarian National Gallery, Budapest
46. The Valley of the Great Tarpatak in the Tátra (detail)
47. The Valley of the Great Tarpatak in the Tátra (detail)
48. Drive at New Moon in Athens
Oil on canvas; unsigned, 1904; 36¾″×28¾″.
In the possession of Gedeon Gerlóczy, Budapest
49. A Street in Athens
Oil on canvas; unsigned, 1904; 40¾″×36″.
In the possession of Kálmán Révész, Budapest
50. Ruins of the Greek Theatre at Taormina
Oil on canvas; unsigned, 1904-1905; 120¾″×228″.
In the possession of Gedeon Gerlóczy, lent to the Hungarian National Gallery, Budapest
51. Ruins of the Greek Theatre at Taormina (detail)
52. Ruins of the Greek Theatre at Taormina (detail)
53. Little Taormina
Oil on canvas; unsigned, 1904; 28″×39⅜″.
Hungarian National Gallery, Budapest
54. Little Taormina (detail)
55. Baalbek
Oil on canvas; unsigned, 1906; 154″×285⅝″.
In the possession of Gedeon Gerlóczy, lent to the Hungarian National Gallery, Budapest
56. Baalbek (detail)
57. Baalbek (detail)
58. Baalbek (detail)
59. Baalbek (detail)
60. The Mount of Olives in Jerusalem
Oil on canvas; unsigned, 1905; 47¼″×46″.
In the possession of dr. János Ónody, Eger

44. Reiter auf einer Brücke
Öl auf Leinwand. 60×72 cm.
Ohne Signatur. Um 1903/04.
Im Besitz von Rudolf Bedő, Budapest
45. Groß-Tarpatak in der Tatra
Öl auf Leinwand. 230×520 cm.
Ohne Signatur, 1904/05.
Leihgabe von Gedeon Gerlóczy, in der Ungarischen Nationalgalerie, Budapest
46. Groß-Tarpatak in der Tatra (Detail)
47. Groß-Tarpatak in der Tatra (Detail)
48. Ausfahrt bei Neumond in Athen
Öl auf Leinwand. 92×72 cm.
Ohne Signatur, 1904.
Im Besitz von Gedeon Gerlóczy, Budapest
49. Straße in Athen
Öl auf Leinwand. 102×90 cm.
Ohne Signatur, 1904.
Im Besitz von Kálmán Révész, Budapest
50. Die Ruinen des griechischen Theaters in Taormina
Öl auf Leinwand. 302×570 cm.
Ohne Signatur, 1904/05.
Leihgabe von Gedeon Gerlóczy, in der Ungarischen Nationalgalerie, Budapest
51. Die Ruinen des griechischen Theaters in Taormina (Detail)
52. Die Ruinen des griechischen Theaters in Taormina (Detail)
53. Das Kleine Taormina
Öl auf Leinwand. 70×98,5 cm.
Ohne Signatur, 1904.
In der Ungarischen Nationalgalerie, Budapest
54. Das Kleine Taormina (Detail)
55. Baalbek
Öl auf Leinwand. 385×714 cm.
Ohne Signatur, 1906.
Leihgabe von Gedeon Gerlóczy in der Ungarischen Nationalgalerie, Budapest
56. Baalbek (Detail)
57. Baalbek (Detail)
58. Baalbek (Detail)
59. Baalbek (Detail)
60. Der Ölberg in Jerusalem
Öl auf Leinwand. 118×115 cm.
Ohne Signatur, 1905.
Im Besitz von Dr. János Ónody, Eger
61. Blick vom Tempelplatz in Jerusalem auf das Tote Meer
Öl auf Leinwand. 127×262, 20 cm.
Ohne Signatur. 1905.
Leihgabe von Gedeon Gerlóczy, in der Ungarischen Nationalgalerie, Budapest

62. Vue depuis la Porte de Damas sur la mer Morte à Jérusalem, à travers la place de l'église (détail)
63. Le Cèdre solitaire
Toile, huile, 200 × 260 cm, non signé. 1907.
Propriété de Gedeon Gerlóczy, Budapest
64. Le Cèdre solitaire (détail)
65. Pèlerinage aux cèdres du Liban
Toile, huile, 200 × 205 cm, non signé. 1907.
Propriété de Gedeon Gerlóczy, Budapest
66. Pèlerinage aux cèdres du Liban (détail)
67. Pèlerinage aux cèdres du Liban (détail)
68. Pèlerinage aux cèdres du Liban (détail)
69. Pèlerinage aux cèdres du Liban (détail)
70. L'Instituteur marocain
Toile, huile, 75 × 66 cm, non signé. 1908.
Propriété de Gedeon Gerlóczy, Budapest
71. Le Puits de la Vierge à Nazareth
Toile, huile, 380 × 550 cm, non signé. 1908.
Propriété de Gedeon Gerlóczy, Budapest ; en dépôt dans la Galerie Nationale Hongroise, Budapest
72. Le Puits de la Vierge à Nazareth (détail)
73. Le Puits de la Vierge à Nazareth (détail)
74. Le Puits de la Vierge à Nazareth (détail)
75. Scène allégorique
Papier, fusain, 130 × 200 cm, non signé. Vers 1913. Propriété de Gedeon Gerlóczy, Budapest
76. Cavalcade au bord de la mer
Toile, huile, 70 × 170 cm, non signé. 1909.
Propriété de Gedeon Gerlóczy, Budapest
77. Cavalcade au bord de la mer (détail)
78. Renard et cygne
Papier, fusain, 40 × 92 cm, non signé. Vers 1913. Propriété de Gedeon Gerlóczy, Budapest

61. View of the Dead Sea from Temple Square in Jerusalem
Oil on canvas; unsigned, 1905; $50^3/_4'' \times 104^7/_8''$.
In the possession of Gedeon Gerlóczy, lent to the Hungarian National Gallery, Budapest
62. View of the Dead Sea from Temple Square in Jerusalem (detail)
63. Solitary Cedar
Oil on canvas; unsigned, 1907; $80'' \times 82^3/_8''$.
In the possession of Gedeon Gerlóczy, Budapest
64. Solitary Cedar (detail)
65. Pilgrimage to the Cedars of Lebanon
Oil on canvas; unsigned, 1907; $80'' \times 82''$.
In the possession of Gedeon Gerlóczy, Budapest
66. Pilgrimage to the Cedars of Lebanon (detail)
67. Pilgrimage to the Cedars of Lebanon (detail)
68. Pilgrimage to the Cedars of Lebanon (detail)
69. Pilgrimage to the Cedars of Lebanon (detail)
70. Moroccan Teacher
Oil on canvas; unsigned, 1908; $30'' \times 26^3/_8''$.
In the possession of Gedeon Gerlóczy, Budapest
71. Mary's Well at Nazareth
Oil on canvas; unsigned, 1908; $152'' \times 220''$.
In the possession of Gedeon Gerlóczy, lent to the Hungarian National Gallery, Budapest
72. Mary's Well at Nazareth (detail)
73. Mary's Well at Nazareth (detail)
74. Mary's Well at Nazareth (detail)
75. Allegorical Scene
Charcoal on paper; unsigned, c. 1913; $52'' \times 80''$.
In the possession of Gedeon Gerlóczy, Budapest
76. Ride on the Seashore
Oil on canvas; unsigned, 1909, $28'' \times 68''$.
In the possession of Gedeon Gerlóczy, Budapest
77. Ride on the Seashore (detail)

62. Blick vom Tempelplatz in Jerusalem auf das Tote Meer (Detail)
63. Die einsame Zeder
Öl auf Leinwand. 200 × 260 cm.
Ohne Signatur, 1907.
Im Besitz von Gedeon Gerlóczy, Budapest
64. Die einsame Zeder (Detail)
65. Wallfahrt zu den Zedern des Libanon
Öl auf Leinwand. 200 × 205 cm.
Ohne Signatur, 1907.
Im Besitz von Gedeon Gerlóczy, Budapest
66. Wallfahrt zu den Zedern des Libanon (Detail)
67. Wallfahrt zu den Zedern des Libanon (Detail)
68. Wallfahrt zu den Zedern des Libanon (Detail)
69. Wallfahrt zu den Zedern des Libanon (Detail)
70. Lehrer aus Marokko
Öl auf Leinwand. 75 × 66 cm.
Ohne Signatur, 1908.
Im Besitz von Gedeon Gerlóczy, Budapest
71. Der Marienbrunnen in Nazareth
Öl auf Leinwand. 380 × 550 cm.
Ohne Signatur, 1908.
Leihgabe von Gedeon Gerlóczy, in der Ungarischen Nationalgalerie, Budapest
72. Der Marienbrunnen in Nazareth (Detail)
73. Der Marienbrunnen in Nazareth (Detail)
74. Der Marienbrunnen in Nazareth (Detail)
75. Allegorische Szene
Kohleskizze auf Papier. 130 × 200 cm.
Ohne Signatur. Um 1913.
Im Besitz von Gedeon Gerlóczy, Budapest
76. Spazierritt am Meer
Öl auf Leinwand. 70 × 170 cm.
Ohne Signatur, 1909.
Im Besitz von Gedeon Gerlóczy, Budapest
77. Spazierritt am Meer (Detail)
78. Fuchs und Schwan
Kohleskizze auf Papier. 40 × 92 cm.
Ohne Signatur, Um 1913.
Im Besitz von Gedeon Gerlóczy, Budapest

79. Portrait avec merle
    Papier, fusain, 40×95 cm, non signé. Vers 1913. Propriété de Gedeon Gerlóczy, Budapest
80. La Conquête arpadienne
    Papier, fusain, non signé. Entre 1914 et 1919. Lieu de conservation inconnu
81. La Conquête arpadienne (détail)
82. La Conquête arpadienne (détail)
83. La Conquête arpadienne (détail)
84. La Conquête arpadienne (détail)

78. A Fox and a Swan
    Charcoal on paper; unsigned, c. 1913; 16″×36³/₄″.
    In the possession of Gedeon Gerlóczy, Budapest
79. Self-Portrait with a Thrush
    Charcoal on paper; unsigned, c. 1913; 16″×38″.
    In the possession of Gedeon Gerlóczy, Budapest
80. Arrival of the Conquering Magyars in Hungary
    Charcoal on paper; unsigned, between 1914 and 1919. Whereabouts unknown
81. Arrival of the Conquering Magyars in Hungary (detail)
82. Arrival of the Conquering Magyars in Hungary (detail)
83. Arrival of the Conquering Magyars in Hungary (detail)
84. Arrival of the Conquering Magyars in Hungary (detail)

79. Selbstbildnis mit Amsel
    Kohleskizze auf Papier. 40×95 cm. Ohne Signatur. Um 1913.
    Im Besitz von Gedeon Gerlóczy, Budapest
80. Einzug der Ungarn
    Kohleskizze auf Papier. Ohne Signatur. Um 1914/19. Verschollen
81. Einzug der Ungarn (Detail)
82. Einzug der Ungarn (Detail)
83. Einzug der Ungarn (Detail)
84. Einzug der Ungarn (Detail)

I Bouvret abattu par un épervier
Sparrow-Hawk Seizing a Bullfinch
Sperber, der einen Gimpel schlägt

2 Chevreuil
Deer
Reh

3 Jeune peintre
Young Painter
Malerbursche

4 Femme assise auprès d'une fenêtre
Woman Sitting at the Window
Frau am Fenster

5 Pompéi Have (la Maison du chirurgien avec le Vésuve)
  Pompei Have (The Surgeon's House with Mount Vesuvius)
  Pompeji Have (Das Haus des Chirurgen mit dem Vesuv)

6 Soleil couchant sur Trau

The Sun Looking Back at Trau

Abendsonne in Trau

7 Amandiers en fleur (Paysage italien)
Almonds Blossoming (Italian Landscape)
Mandelblüte (Italienische Landschaft)

8 Moine prêchant
  Monk Preaching
  Predigender Mönch

9 Pleine lune à Taormina
  Full Moon over Taormina
  Vollmond in Taormina

10 Pleine lune à Taormina (détail)
Full Moon over Taormina (detail)
Vollmond in Taormina (Detail)

11 Vieux pêcheur
Old Fisherman
Alter Fischer

12 Coucher de soleil dans le golfe de Naples
Sunset in the Bay of Naples
Sonnenuntergang über dem Golf von Neapel

13 Portrait de l'artiste par lui-même
Self-Portrait
Selbstbildnis

14 Ville maritime
Seaside Town
Stadt am Meer

15 Pont romain à Mostar
Roman Bridge at Mostar
Römische Brücke in Mostar

16 Vue de Selmecbánya
View of Selmecbánya
Ansicht von Selmecbánya

17 Vue de Selmecbánya (détail)
View of Selmecbánya (detail)
Ansicht von Selmecbánya (Detail)

18 Éclosion du printemps à Mostar
The Coming of Spring in Mostar
Frühlingsbeginn in Mostar

19 Castellammare di Stabia
Castellammare di Stabia
Castellammare di Stabia

20 Castellammare di Stabia (détail)
Castellammare di Stabia (detail)
Castellammare di Stabia (Detail)

21 Couple d'amoureux
Lovers
Liebespaar

22 La Sortie de Zrínyi
Zrínyi's Sally
Zrínyis Ausfall

23 János Hunyadi au siège de Nándorfehérvár
Hunyadi in the Battle of Nándorfehérvár
János Hunyadi in der Schlacht von Nándorfehérvár

24 La Sortie de Zrínyi (détail)
Zrínyi's Sally (detail)
Zrínyis Ausfall (Detail)

25 Services électriques à Jajce nocturne
Electricity Works of Jajce at Night
Das Elektrizitätswerk von Jajce bei Nacht

26 Cascades à Jajce
Waterfall of Jajce
Der Wasserfall von Jajce

27 Cascades à Jajce (détail)
Waterfall of Jajce (detail)
Der Wasserfall von Jajce (Detail)

28 Arbres de Jajce à la lumière électrique
Trees in Electric Light at Jajce
Elektrisches Licht auf den Bäumen in Jajce

29 Naufrage

Shipwreck

Der Schiffbruch

30 Naufrage (détail)
    Shipwreck (detail)
    Der Schiffbruch (Detail)

31　La Passion (fragment)
　　Passion (fragment)
　　Die Passion (Bruchstück)

32 La Passion (fragment, détail)
Passion (fragment, detail)
Die Passion (Bruchstück, Detail)

33 La Passion (fragment)
   Passion (fragment)
   Die Passion (Bruchstück)

34 Soir au Caire
Evening in Cairo
Ein Abend in Kairo

35 Tempête sur le Grand Hortobágy
Storm on the Great Hortobágy
Sturm über der Großen Hortobágy

36 Tempête sur le Grand Hortobágy (détail)
Storm on the Great Hortobágy (detail)
Sturm über der Großen Hortobágy (Detail)

37   Le Sauveur en prière
The Saviour Praying
Der betende Heiland

38 Le Sauveur en prière (détail)
   The Saviour Praying (detail)
   Der betende Heiland (Detail)

39 Les Ruines du temple de Zeus à Athènes
Ruins of the Temple of Zeus in Athens
Die Ruinen des Zeus-Tempels in Athen

40 Mur des Lamentations à Jérusalem
At the Entrance of the Wailing-Wall in Jerusalem
Die Klagemauer in Jerusalem

41 Mur des Lamentations à Jerusalem (détail)
At the Entrance of the Wailing-Wall in Jerusalem (detail)
Die Klagemauer in Jerusalem (Detail)

42 Mur des Lamentations à Jérusalem (détail)
At the Entrance of the Wailing-Wall in Jerusalem (detail)
Die Klagemauer in Jerusalem (Detail)

43 Mur des Lamentations à Jérusalem (détail)
At the Entrance of the Wailing-Wall in Jerusalem (detail)
Die Klagemauer in Jerusalem (Detail)

44 Compagnie passant le pont
Company Passing over a Bridge
Reiter auf einer Brücke

45 La Vallée du Grand Tarpatak dans la Tátra
The Valley of the Great Tarpatak in the Tátra
Groß-Tarpatak in der Tatra

46 La Vallée du Grand Tarpatak dans la Tátra (détail)
The Valley of the Great Tarpatak in the Tátra (detail)
Groß-Tarpatak in der Tatra (Detail)

47 La Vallée du Grand Tarpatak dans la Tátra (détail)
The Valley of the Great Tarpatak in the Tátra (detail)
Groß-Tarpatak in der Tatra (Detail)

48 Promenade en voiture à la nouvelle lune à Athènes
Drive at New Moon in Athens
Ausfahrt bei Neumond in Athen

49 Rue à Athènes
A Street in Athens
Straße in Athen

50 Les Ruines du théâtre grec à Taormina
Ruins of the Greek Theatre at Taormina
Die Ruinen des griechischen Theaters in Taormina

51 Les Ruines du théâtre grec à Taormina (détail)
Ruins of the Greek Theatre at Taormina (detail)
Die Ruinen des griechischen Theaters in Taormina (Detail)

52 Les Ruines du théâtre grec à Taormina (détail)
Ruins of the Greek Theatre at Taormina (detail)
Die Ruinen des griechischen Theaters in Taormina (Detail)

53 Le Petit Taormina
Little Taormina
Das Kleine Taormina

54 Le Petit Taormina (détail)
Little Taormina (detail)
Das Kleine Taormina (Detail)

55　Baalbek
　　Baalbek
　　Baalbek

56 Baalbek (détail)
Baalbek (detail)
Baalbek (Detail)

57 Baalbek (détail)
Baalbek (detail)
Baalbek (Detail)

58 Baalbek (détail)
Baalbek (detail)
Baalbek (Detail)

59 Baalbek (détail)
Baalbek (detail)
Baalbek (Detail)

60 Le Mont des Oliviers à Jérusalem
The Mount of Olives in Jerusalem
Der Ölberg in Jerusalem

61 Vue sur la mer Morte à Jérusalem, à travers la place de l'Église
View of the Dead Sea from Temple Square in Jerusalem
Blick vom Tempelplatz in Jerusalem auf das Tote Meer

62 Vue sur la mer Morte à Jérusalem, à travers la place de l'Église (détail)
View of the Dead Sea from Temple Square in Jerusalem (detail)
Blick vom Tempelplatz in Jerusalem auf das Tote Meer (Detail)

63 Le Cèdre solitaire
Solitary Cedar
Die einsame Zeder

64　Le Cèdre solitaire (détail)
　　Solitary Cedar (detail)
　　Die einsame Zeder (Detail)

65 Pèlerinage aux cèdres du Liban
Pilgrimage to the Cedars of Lebanon
Wallfahrt zu den Zedern des Libanon

66 Pèlerinage aux cèdres du Liban (détail)
Pilgrimage to the Cedars of Lebanon (detail)
Wallfahrt zu den Zedern des Libanon (Detail)

67 Pèlerinage aux cèdres du Liban (détail)
Pilgrimage to the Cedars of Lebanon (detail)
Wallfahrt zu den Zedern des Libanon (Detail)

68 Pèlerinage aux cèdres du Liban (détail)
Pilgrimage to the Cedars of Lebanon (detail)
Wallfahrt zu den Zedern des Libanon (Detail)

69 Pèlerinage aux cèdres du Liban (détail)
Pilgrimage to the Cedars of Lebanon (detail)
Wallfahrt zu den Zedern des Libanon (Detail)

70 L'Instituteur marocain
Moroccan Teacher
Lehrer aus Marokko

71 Le puits de la Vierge à Nazareth
Mary's Well at Nazareth
Der Marienbrunnen in Nazareth

72 Le puits de la Vierge à Nazareth (détail)
Mary's Well at Nazareth (detail)
Der Marienbrunnen in Nazareth (Detail)

73 Le puits de la Vierge à Nazareth (détail)
Mary's Well at Nazareth (detail)
Der Marienbrunnen in Nazareth (Detail)

74 Le puits de la Vierge à Nazareth (détail)
Mary's Well at Nazareth (detail)
Der Marienbrunnen in Nazareth (Detail)

75 Scène allégorique
   Allegorical Scene
   Allegorische Szene

76 Cavalcade au bord de la mer
Ride on the Seashore
Spazierritt am Meer

77 Cavalcade au bord de la mer (détail)
Ride on the Seashore (detail)
Spazierritt am Meer (Detail)

78 Renard et cygne
   A Fox and a Swan
   Fuchs und Schwan

79 Portrait avec merle
   Self-Portrait with a Thrush
   Selbstbildnis mit Amsel

80 La Conquête arpadienne
Arrival of the Conquering Magyars in Hungary
Einzug der Ungarn

81 La Conquête arpadienne (détail)
Arrival of the Conquering Magyars in Hungary (detail)
Einzug der Ungarn (Detail)

82 La Conquête arpadienne (détail)
Arrival of the Conquering Magyars in Hungary (detail)
Einzug der Ungarn (Detail)

83 La Conquête arpadienne (détail)
    Arrival of the Conquering Magyars in Hungary (detail)
    Einzug der Ungarn (Detail)

84 La Conquête arpadienne (détail)
    Arrival of the Conquering Magyars in Hungary (detail)
    Einzug der Ungarn (Detail)

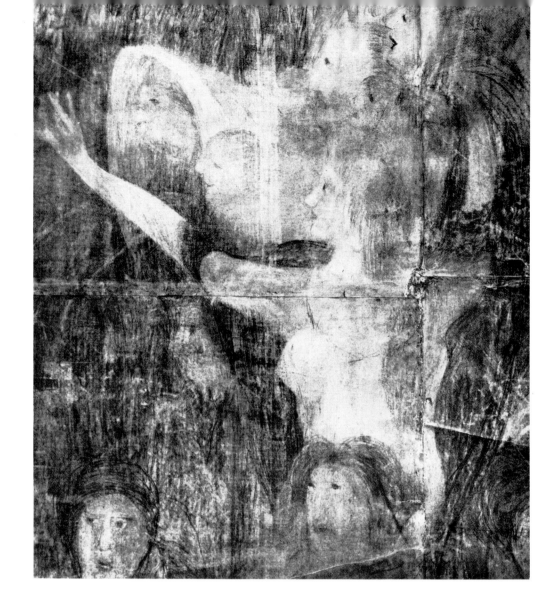